W0029317

Regenwald

© Verlag Friedrich Oetinger GmbH, Hamburg 2009
Alle Rechte für die deutschsprachige Ausgabe vorbehalten
Copyright © 2008 Weldon Owen Inc.
Rechte der Originalausgabe: Weldon Owen Inc.
Titel der Originalausgabe: insiders – Rain Forests
Text: Richard C. Vogt
Deutsch von Regina Schneider
Printed 2009
ISBN 978-3-7891-8410-9

www.oetinger.de

Regenwald

Richard C. Vogt

Verlag Friedrich Oetinger · Hamburg

Inhalt

insider *Basiswissen*

Regenwald

Stockwerkbau 8

Hoch oben im Dachgeschoss 10

Im dicht bevölkerten Blätterdach 12

Im sonnenarmen Mittelgeschoss 14

Im dunklen Erdgeschoss 16

Strömende Flüsse 18

Vergangenheit – Gegenwart – Zukunft 20

Pflanzen im Regenwald

Wurzeln und Blätter – Exoten 22

Aufsitzerarten 24

Würgefeigen 26

Pflanzliche Vermehrung 28

Üppige Vielfalt 30

Rodung 32

insider *Spezialwissen*

Den Dschungel teilen
Tag und Nacht   36
Gruppentiere   38

Säugetiere
Ein Wald voller Affen   40
Geschickte Kletterer   42
Fledertiere und Gleitflieger   44
Leben am Boden   46

Vögel
Riesen und Zwerge   48
Schillernde Farbenpracht   50

Es kreucht und fleucht
Armeen von Insekten   52
Gefräßige Reptilien   54
Frösche   56

Zukunft in Gefahr
Risikofaktoren   58
Regenwälder der Welt   60

Glossar   62

Register   64

insider
Basiswissen

Stockwerkbau

Tropische Regenwälder ziehen sich wie ein immergrünes Band rund um den Globus, zwischen dem Wendekreis des Krebses, nördlich des Äquators, und dem Wendekreis des Steinbocks, südlich des Äquators. Sie gleichen hohen grünen Häusern mit mehreren Stockwerken. Das Dachgeschoss bilden die Wipfel der Baumriesen (Überständer), die weit aus dem geschlossenen Kronendach des Obergeschosses hinausragen. Dach- und Obergeschoss sind Sonne, Regen und Wind ausgesetzt. Durch das Kronendach aber dringt kaum ein Sonnenstrahl in das Geschoss darunter, genauso wenig wie Wind, und nur wenig Regen. Im Erdgeschoss, am Boden, ist es dauerhaft dunkel und feucht. Jedes Stockwerk ist eine Welt für sich mit einer eigenen Gruppe von Bewohnern, die an die jeweiligen Bedingungen angepasst sind.

Kapokblätter Der Kapokbaum wird bis zu 70 m hoch und trägt handförmig gefingerte Blätter mit 5 bis 9 Einzelblättchen.

Lianen Ein Gewirr von Hängelianen baumelt vom Geäst des Kronendachs und der Baumriesen.

Dachgeschoss

Obergeschoss

Bananenblätter Sie sind sehr groß, um möglichst viel von dem knappen Sonnenlicht abzubekommen.

Pilze Nur wenige Zentimeter wachsend, ernähren sie sich von lebenden und toten Pflanzen sowie von toten Tieren.

Mittelgeschoss

Erdgeschoss

Fluss

insider Basiswissen *Regenwald*

Hoch oben im Dachgeschoss

Die Baumriesen des Regenwalds wachsen bis in eine Höhe von etwa 70 m. Sie ragen mitunter weit über das Hauptkronendach hinaus, weshalb sie auch Überständer genannt werden. Meist haben sie breite, wächserne Blätter, die der brennenden Sonne und der jährlichen Niederschlagsmenge (2.000 bis 10.000 mm) standhalten. Viel weiter unten, am Boden des Erdgeschosses, wachsen die Sämlinge der Überständer. Stirbt ein ausgewachsener Baumriese ab, schießen sie rasant nach oben, um durch die Lücke das Dachgeschoss zu erreichen. Das schaffen allerdings nur ein oder zwei. Im Dachgeschoss leben Tiere mit Flügeln – also Vögel oder Insekten.

Geflügelte Samen *Wie die meisten Überständer hat der Flügelfruchtbaum Samen, die mit dem Wind »fliegen« können und sich so weitflächig verteilen.*

Wespenbussard *Er frisst vor allem Bienen-, Wespen- und Hornissenlarven, die er aus Waben reißt.*

Regenwald von Borneo
Ein weitverbreiteter Überständer ist der Flügelfruchtbaum. Von den weltweit 260 Arten gibt es hier 155. Sie wachsen 40 bis 70 m hoch und werden nur noch von dem selteneren silberborkigen Honigbaum überragt.

Honigbaum
Mit bis zu 82 m wird er so hoch wie ein 20-stöckiges Haus. Seine Zweige wachsen über 33 m lang.

Luftaufnahme
Die Wipfel der Überständer mit ihren pilzförmigen Kronen kann man nur aus der Luft sehen.

Dachgeschoss

Fransenflügler *Das winzige Insekt ernährt sich von Blättern des Flügelfruchtbaums und bestäubt seine Blüten.*

Warzenkopf *Diese Vögel sind Insektenfresser; sie jagen Käfer, Grashüpfer und Kakerlaken.*

DER MALAIENBÄR

Der seltene Malaienbär ist der Meisterkletterer unter den Bären. Doch selbst er schafft es nicht, den glatten Stamm des Honigbaums bis zu den Waben hinaufzuklettern.

Honigwaben *Die Riesenhonigbiene baut ihr über 1 m breites, scheibenförmiges Nest unter die hohen Äste des Honigbaums.*

insider Basiswissen *Regenwald*

Im dicht bevölkerten Blätterdach

Von oben wirken die einander fast berührenden Baumwipfel wie eine geschlossene Fläche. Bis zu 12 m reicht das Obergeschoss in die Tiefe und lässt kaum Sonnenlicht in die Stockwerke darunter. Auf den Ästen der Bäume wachsen oft andere Pflanzen, und Lianen hängen von ihnen herunter. Hier, im dichten Blätterdach, sind die meisten Pflanzen- und Tierarten des Regenwaldes zu Hause. Vermutlich leben in diesen unzugänglichen Wipfelregionen sogar Tausende noch unentdeckter Arten.

Wo die Affen hangeln
Mehr als 33 m über dem Boden jagen Affen auf den Ästen entlang, nutzen geschickt ihren Greifschwanz und springen meterweit von Baum zu Baum. Den Weg zu ihrer Nahrung oder in Verstecke merken sie sich meist genau.

Flughundtunnel
Diese Hammerköpfe folgen jeden Abend dem gleichen Pfad, einem natürlichen Tunnel im Blätterdach.

Achtung, Kreuzung!
Affenpfad (rot) kreuzt Flughundroute (blau). Springschwänze hingegen krabbeln direkt am Baumstamm nach oben (gelb).

Obergeschoss

Affenpfade Einem folgt dieser Bartaffe; Moose, Blätter und Zweige sind hier längst niedergetreten.

Springschwänze Die winzigen Tiere ernähren sich meist von zerfallenen Blättern am Boden; um frische Blätter zu ergattern, klettern sie an Baumstämmen hoch.

Im sonnenarmen Mittelgeschoss

Weniger als 15 Prozent des auf das Blätterdach treffenden Sonnenlichts erreichen das Mittelgeschoss. Bei so wenig Licht ist die Vegetation weniger dicht und artenreich. Im unteren Mittelgeschoss, von etwa 1,5 m über dem Boden bis in eine Höhe von 6 m, wachsen meist Stauden, etwas darüber niedrige Pflanzen wie Palmen mit großen Blättern, die viel Sonnenlicht einfangen können. Dazwischen finden sich junge Überstände, die darauf warten, in die Höhe zu schießen, sowie moosbewachsene hohe Baumstämme, deren Kronen das Blätterdach bilden.

Makifrosch *Mit seinen langen Beinen klettert dieser Frosch flink umher. Mithilfe der Haftscheiben an seinen Zehen kann er sich auf einem Blatt festsaugen.*

Leben im Dämmerlicht

Auch die Pflanzen im Mittelgeschoss brauchen Sonnenlicht für ihre Fotosynthese. Ihre Blätter sind daher größer und haben eine blaugrüne Färbung. Unter dem Kronendach gedeihen sie geschützt vor schädlicher UV-Strahlung, austrocknenden Winden und sturzbachartigen Regenfällen.

Lauernde Schlange *Um den Stängel der Hängenden Hummerschere gewickelt, wartet die Greifschwanz-Lanzenotter auf Beute ... und schlägt zu!*

Lichtstrahlen
Durch die kleinen Lücken im Blätterdach dringt nur wenig Licht zu den sonnenhungrigen Pflanzen im Mittelgeschoss.

Mittelgeschoss

Im sonnenarmen Mittelgeschoss ◂ 15

Glasflügelfalter *Dieser Schmetterling legt seine Eier auf einem giftigen Nachtschattengewächs ab. Die Raupen nehmen das Gift auf und sind damit für Räuber uninteressant.*

Weiße Fledermaus *Die winzigen Fledermäuse durchtrennen die Blattadern der Hängenden Hummerschere, bis das Blatt zeltförmig nach unten klappt. In diesem Versteck verbringen sie den Tag, geschützt vor Sonne und Räubern.*

Hängende Hummerschere *Die leuchtenden Farben dieser Pflanze mitten in einem Meer aus Blaugrün ziehen Kolibris und Bienen an.*

insider Basiswissen *Regenwald*

Im dunklen
Erdgeschoss

Was auf dem dunklen und feuchten Boden des Regenwaldes passiert, erhält alle dort wachsenden Pflanzen am Leben – die Nährstofferzeugung. Regenwaldböden enthalten nicht viele Nährstoffe, doch der Dschungel produziert seine eigenen: Die gesamte organische Materie, wie abgefallene Blätter, abgestorbene Pflanzen und tote Tiere, wird auf der Stelle von Insekten (etwa von Termiten) zersetzt, von Käfern zerkaut oder von Pilzen und Bakterien aufgespalten. Die freigesetzten Nährstoffe gelangen so in die Bodenoberschicht und in die Wurzeln der Pflanzen.

① **Pilze** *Die Hauptaufgabe der Pilze ist das Spalten, Zersetzen und Rückführen von organischer Materie.*

② **Becherling** *Der* Cookeina tricholoma *schmeckt gut.*

③ **Teuerling** *Die Sporen im Fruchtkörper heften sich, von Wasser hinausgeschleudert, an Halme und Äste und wachsen.*

④ **Korallenotter** *Die giftige, rot-gelb-schwarz gestreifte Schlange versteckt sich die meiste Zeit im Gehölz.*

⑤ **Tausendfüßer** *Für die Fleischfresser unter ihnen ist ein umgefallener Baumstamm voll krabbelnder Insekten ein Festmahl.*

⑥ **Zinnoberschwamm** *Er erzeugt Cinnabarin, einen antibiotisch wirkenden Stoff.*

⑦ **Termiten** *Die wichtigsten Insekten des Regenwaldes ernähren sich von Holz und Baumrinde. Die Termitenhügel sind voller Nährstoffe, die in den Boden gelangen.*

⑧ **Zellfäden** *Mit ihnen zersetzen Pilze die Zellen toter Materie und nehmen sie als Nährstoffe auf.*

Tot und lebendig
Dieser Baum mag tot sein und verfallen, aber er steckt voller Leben, wird er doch von vielen Insekten und Kleintieren bewohnt. Am allerwichtigsten aber ist, dass er noch lebende Bäume mit Nährstoffen versorgt.

Erdgeschoss

Strömende Flüsse

Sagopalme *Heimisch in Papua-Neuguinea. Heute in vielen Teilen Südostasiens verbreitet. Ihr Mark ist ein Grundnahrungsmittel, mit ihren Blättern werden Dächer gedeckt.*

Einige der längsten Flüsse – in Südamerika der Amazonas samt seinen Nebenflüssen; in Afrika der Kongo – fließen durch Regenwaldgebiet. Ihr Wasserstand steigt durch die großen Niederschlagsmengen in den Regenwäldern. Die Flüsse ziehen eine helle Schneise durch das dichte Grün. Das Wasser sieht unterschiedlich aus: Ist es klar, fließt es für gewöhnlich sehr schnell, trägt ein Fluss viel Sediment, schimmert er ockerfarben; stark tanninhaltiges Wasser scheint schwarz, ist aber das wohl sauberste natürliche Wasser der Welt. Welche Pflanzenarten in und am Fluss wachsen, hängt davon ab, wie säure- und mineralhaltig das Wasser ist.

Der Sepik

Er fließt vom Hochland in Papua-Neuguinea durch den Regenwald und nördlich, am Kap Girgir, ins Meer. Im Hochland säumen Süßwasserpflanzen seinen Lauf, die dann salzverträglichen Pflanzen und Mangroven weichen.

DER UNKRAUTVERNICHTER

Ende der 1970er-Jahre verstopfte der eingeführte Wasserfarn weite Gebiete des Sepiks. Um Abhilfe zu schaffen, setzte man eine südamerikanische Rüsselkäferart ein, die bis 1985 fast 260 km² vom Farn befreite.

Fluss

Schamahirse *Dieses Getreidegras wächst auf sumpfigen Böden am Flussufer.*

Wasserpflanzen *Sowohl die Teile im als auch die oberhalb des Wassers bieten vielen Insekten und Fischen Brutstätten und Nahrung. Einige der Pflanzen wurzeln fest im Flussbett, andere treiben frei umher.*

Strömende Flüsse ◀ 19

Salzdrüsen Sie befinden sich in der Zunge des Salzwasserkrokodils. Über sie scheidet es überschüssiges Salz aus.

Rotbrustfischer Der fleischfressende Vogel taucht pfeilschnell ins Wasser, um seine Beute zu packen.

Salzwasserkrokodil Das Weibchen legt bis zu 80 Eier in ein Hügelnest am Flussufer.

Sepik-Regenbogenfisch Er lebt im unverschmutzten Wasser des Sepiks, wo er sich von kleinen, wirbellosen Tieren in und auf dem Wasser ernährt.

Dünger Dieser frei treibende Farn wird auf Reisfeldern als Dünger eingesetzt.

Vergangenheit – Gegenwart –
Zukunft

Tropische Regenwälder gibt es seit Jahrtausenden. Doch seit Beginn der Menschheitsgeschichte schwinden sie. Einst lebten kleine Volksgruppen in den Regenwaldgebieten, heute sind es 200 Millionen Menschen. Besonders viel wird seit den 1980er-Jahren zerstört. Bis heute haben über 30 Länder ihr gesamtes Regenwaldgebiet verloren. Binnen 15 Jahren (1980–95) wurde eine Fläche so groß wie Mexiko zerstört. Und die Prognosen für die Zukunft sind düster. Viele Organisationen, darunter die Vereinten Nationen und viele Umweltgruppen, engagieren sich für den Schutz von Regenwäldern. Die Zukunft liegt in unserer Hand.

Schwindende Regenwälder
Im Jahr 1800 war die Gesamtlandfläche der Erde zu rund 15 Prozent von Regenwald bedeckt; heute sind es nur noch knapp 7 Prozent. Gelingt es uns nicht, die Zerstörung zu verlangsamen oder zu stoppen, wird es in 50 Jahren in manchen Regionen keine Regenwälder mehr geben.

Wildnis
Unberührte Regenwaldgebiete gab es einst im gesamten Tropengürtel der Welt – bis der Mensch mit Axt und Säge kam.

Minen *Wo in Südamerika einst unberührte Regenwälder standen, türmen sich heute Berge von Minenabfällen.*

Vergangenheit – Gegenwart – Zukunft ◀ **21**

Was ist übrig? *Dieses asiatische Regenwaldgebiet wurde größtenteils abgeholzt. Ob es den Regenwald im Hintergrund des Bildes 2050 noch gibt?*

Äquator

Südostasien

Afrika

Wendekreis des Steinbocks

Australien

Zukunft (2050) *25 bis 40 Prozent der heutigen Regenwälder werden wohl in den nächsten 45 Jahren vernichtet und mit ihnen viele der heute bedrohten Tiere.*

Äquator

Südostasien

Afrika

Wendekreis des Steinbocks

Australien

Gegenwart (2008) *Weltweit gibt es nur noch 1,4 Mrd. ha Regenwald; die Lebensräume vieler Tiere sind bereits für immer verschwunden.*

Äquator

Südostasien

Afrika

Australien

Vergangenheit (1800) *Weltweit gab es 3 Mrd. ha Regenwald, doch schon damals begann er langsam zu schwinden.*

Rodung *Dieses Dorf aus dem 19. Jahrhundert entstand auf einer gerodeten Fläche im afrikanischen Regenwald.*

22 ▶ insider Basiswissen *Pflanzen im Regenwald*

Wurzeln und Blätter –
Exoten

Die Pflanzen im Regenwald gedeihen trotz der schwierigen Bedingungen, weil sie ihre Blätter und Wurzeln diesen angepasst haben. So trotzen die Bäume im Dach- und Obergeschoss heißer Sonne und sintflutartigen Regengüssen, die Pflanzen unter dem Kronendach gedeihen im Dämmerlicht. Der dauerfeuchte Regenwaldboden kann wichtige Mineralstoffe kaum halten. Die Wurzeln der Bäume sind daher nur flach; sie können Nährstoffe aus zersetzter Materie im Oberboden ziehen. Trotz flacher Wurzeln kippen aber auch die höchsten Bäume nicht um.

MASSGESCHNEIDERT

Hebt man ein Blatt vom Boden auf, erkennt man meist an Größe, Form und Farbe, aus welchem Stockwerk es gefallen ist.

Tropfspitzen *Im feuchten Obergeschoss tropft Wasser über sie rasch hinunter.*

Größe und Farbe *Das große Blatt des Elefantenohrenbaums kann viel des im Erdgeschoss raren Lichts erhaschen; das des Bodendeckers nimmt über den rot geäderten Bereich mehr Licht auf.*

Brettwurzel

Die Baumriesen werden bis zu 80 m hoch, wurzeln aber nur sehr flach. Um bei Wind nicht umzukippen, bilden sie am Stamm sogenannte Brettwurzeln aus, die ihnen Stabilität verleihen. Heruntergefallene Blätter können zudem schlechter wegwehen, die Hauptwurzeln erhalten also zusätzliche Nährstoffe.

1 **Alte und junge Blätter** Das größere stammt von einem Spross am Boden, das ausgewachsene kleine von einem sonnenausgesetzten Wipfel.

2 **Transportsystem** Röhrenförmige Zellen im Stamm transportieren die Nährstoffe von der Wurzel in höhere Baumteile und den in den Blättern gebildeten Zucker nach unten.

3 **Kletterpflanzen** Sie steigen dem Sonnenlicht im Kronendach nach, indem sie sich an Brettwurzeln und Stamm krallen.

4 **Großes Pampashuhn** Das Weibchen ist eine faule Tiermama. Sie kratzt ein paar Blätter beiseite, legt ihre Eier zwischen den Brettwurzeln am Boden ab und läuft davon. Das Brüten überlässt sie dem Männchen.

5 **Wurzeln im tropischen Regenwald** Die Bäume wurzeln nur 15 bis 20 cm tief, denn dort gibt es ausreichend Nährstoffe aus zersetztem organischem Material.

6 **Wurzeln im tropischen Feuchtwald** Die Bäume wurzeln bis zu 1,5 m tief in den nährstoffreichen Boden.

24 ▶ insider Basiswissen *Pflanzen im Regenwald*

Aufsitzerarten

Am Regenwaldboden zu gedeihen hat für die Pflanzen einen gewaltigen Nachteil – dort ist es dunkel. Und ohne Sonnenlicht kein Wachstum. Einige Pflanzen siedeln daher im Geäst von Baumriesen, wo ihre Samen bei ausreichend Licht gut keimen. Diese Pflanzen nennt man Epiphyten, Aufsitzerpflanzen. Ihre Wirtsbäume lassen sie dabei unbeschädigt. Lianen, Orchideen, Farne und Bromelien sind typische Aufsitzerpflanzen im Regenwald.

KLETTERPFLANZEN

Ihre Strategien, Sonnenlicht zu ergattern, sind vielfältig: Sie bilden zusätzliche Triebe, die an Ästen haften oder ranken.

Spreizklimmer

Winder

Schlinger

Haftscheibenranker

Malaienblume

Ameisen-
pflanze

Orchidee

Aufsitzerfarn

Bromelien

Die dicken Bromelienblätter bilden eine Mulde, die bis zu 9 l Wasser auffangen kann. Das lockt viele Tiere zum Trinken und Laichen. Die Mischung aus Eiern, Larven, Staub und abfallenden Blättern ergibt eine mineralreiche »Suppe« voller Nährstoffe für die Bromelie und ihre Tierbewohner.

Sammelsurium *Das Geäst der Baumriesen ist häufig bedeckt von allerlei Aufsitzerarten.*

Aufsitzerarten ◂ 25

Dickes, wächsernes Bromelienblatt

Mausopossum *Im Wasserbecken der Bromelie findet das winzige Mausopossum nicht nur Wasser, sondern auch seine Leibspeise – Insekten.*

Greifschwanz-Lanzenotter *Sie interessiert sich nicht für die Insekten im Wasser; sie will das Mausopossum erbeuten.*

Eier und Larven *Die Eier einiger Moskitoarten schwimmen in der Wassermulde wie ein Floß zwischen Insektenlarven und Kaulquappen.*

insider Basiswissen *Pflanzen im Regenwald*

Würgefeigen

Die Samen der Würgefeigen keimen als Aufsitzerpflanzen hoch im Kronendach. Von dort streben dünne Luftwurzeln zum Boden hin. Erreichen sie ihn, verwurzeln sie und wachsen nun von unten nach oben. Würgefeigen sind daher Hemi-Epiphyten (Halb-Aufsitzerpflanzen). Im Unterschied zu echten Epiphyten sind sie Parasiten – das heißt, sie hungern den Wirtsbaum aus, bis er abstirbt. Hohe Würgefeigen gibt es in allen Regenwäldern. In Höhlungen und Nischen des Schlingengewirrs leben Insekten, Amphibien, Reptilien, Vögel und Nager. Die Früchte, die der Baum mehrmals im Jahr hervorbringt, sind eine üppige Nahrungsquelle für viele Tiere im Regenwald.

Tod durch Erwürgen

In der letzten Wachstumsphase umkrallt die Feige den Stamm des Wirtsbaums so fest, dass er nicht mehr dicker werden kann. Ihre Blätter ersticken die des Wirtsbaums, auf die kaum mehr ein Sonnenstrahl fällt. Der Wirtsbaum stirbt ab und zersetzt sich. Die freiwerdenden Nährstoffe dienen der Würgefeige, die nun allein dasteht, als zusätzliche Nahrung.

Im Haus der Gallwespe
Die Feigenbüschel nutzt die Gallwespe gern als Kinderstube für ihre Jungen.

1 Wespenweibchen
Das schwangere, pollenbeladene Weibchen dringt in den Blütenstand durch eine Öffnung ein, die sich hinter ihm verschließt.

5 Generationenwechsel
Die Jungen fliegen aus dem Fruchtstand – der Zyklus beginnt von vorn.

Samen Die keimenden Samen der Würgefeige senden ihre Wurzeln zum Boden. In dieser Phase wächst der Baum sehr langsam.

Bodenwurzeln Erreichen die Wurzeln den Boden, wächst der Baum schneller, die Wurzeln werden dicker und umschlingen den Stamm des Wirtsbaums.

② **Befruchtung** Es legt Eier in die Fruchtknoten und streift dabei den Pollen ab.

③ **Wespenmännchen** Sie schlüpfen zuerst, beißen ein kleines Loch in die weiblichen Eier und befruchten sie.

④ **Schlupfloch** Die Wespenmännchen beißen ein Loch in die Feigenhaut, durch das die schwangeren Weibchen ausfliegen, während sie selbst zurückbleiben und sterben.

Innen hohl
Das Innere der Würgefeige ist hohl. Ihr Holz ist kein Nutzholz, sie bleibt also vom Fällen verschont.

Pflanzliche Vermehrung

Unter dem Kronendach gibt es kaum Wind, der den Blütenstaub verteilt. Die Pflanzen sind daher auf die Bestäubung durch Vögel, nektarfressende Fledermäuse und Insekten angewiesen, damit die männlichen Pollen die weiblichen Blüten befruchten und die Samenbildung beginnen kann. Um eine Chance auf genügend Licht zu haben, müssen die Samen möglichst weit verteilt werden. Säugetiere tragen sie mit den Fußsohlen fort, Vögel und Fledermäuse nehmen sie mit hoch hinauf, weit weg vom Schatten des Elternbaums.

Knospe der Riesenblume *Bevor sie sich öffnet, gleicht sie einem großen, schwarzen Kohl.*

Knospenöffnung *Dabei wird die rosa Farbe der Blüte sichtbar.*

Riesenblume

Die Riesenrafflesie von Sumatra ist die größte Blume der Welt. Sie kann über 90 cm breit werden und wiegt bis zu 10 kg. Die Riesenblume blüht jedes Jahr nur 5 bis 6 Tage und zieht in dieser kurzen Blütezeit allerlei Bestäuber an. Nach fauligem Fleisch riechend, lockt sie die pollenbeladene Aasfliege.

SAMENVERTEILUNG

Die geflügelten Samen der Baumriesen wehen davon. Kleinere Pflanzen brauchen Tiere, die ihren Samen verteilen.

Vogelgetragener Samen

Säugetiergetragener Maracuja-Samen

Windgetragener Kapoksamen

Wegbereiter *Die Riesenrafflesie wächst nur auf einer bestimmten Schlingpflanze. Die Aasfliege muss für die Befruchtung eine weitere Riesenblume in der Nähe finden. Säugetiere fressen die Samen und scheiden sie anderswo unverdaut aus, oder sie bleiben an ihren Füßen haften.*

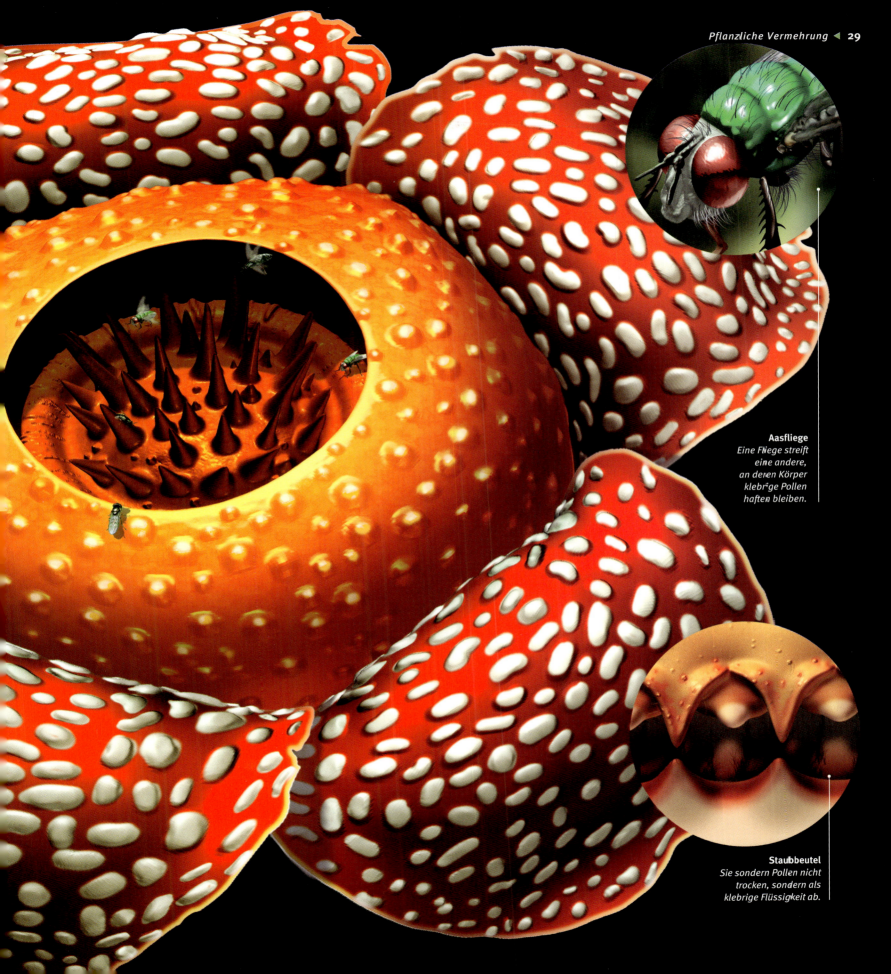

Pflanzliche Vermehrung ◀ **29**

Aasfliege
Eine Fliege streift eine andere, an deren Körper klebrige Pollen haften bleiben.

Staubbeutel
Sie sondern Pollen nicht trocken, sondern als klebrige Flüssigkeit ab.

Üppige Vielfalt

In den tropischen Regenwäldern sind mehr als die Hälfte der 10 Mio. Pflanzen- und Tierarten der Erde beheimatet, obwohl sie nur 7 Prozent der gesamten Landfläche bedecken. Dieser Artenreichtum (Biodiversität) macht den Regenwald für den Menschen zum wichtigsten Naturraum. Das Überleben der Arten hängt von seinem Erhalt ab. Regenwälder reinigen die Atmosphäre, indem sie schädliches Kohlendioxid aufnehmen und Sauerstoff abgeben. Durch die großen Niederschlagsmengen ist das örtliche Klima kühler, und es bilden sich Regenwolken. Vieles, was wir täglich essen oder als Heilmittel gegen allerlei Krankheiten verwenden (von Kopfweh bis Krebs), kommt aus dem Regenwald.

Wasser In den Regenwäldern fallen im Jahr bis zu 10.920 mm Regen. Ein Teil davon tropft langsam über die Blätter ab, versickert im Boden oder rinnt in einen Fluss. Der Großteil aber verdampft über die Blätter und kehrt so zurück in die Atmosphäre.

H_2O

Saubere Luft
Regenwälder sind für die Gesundheit unseres Planeten unentbehrlich: Die Blätter binden Kohlendioxid aus der Luft und geben Sauerstoff und Wasserdampf wieder ab.

Kohlendioxid — Wasser — Sauerstoff

VERSORGUNG

Viele Früchte, Gemüsesorten, Nüsse und Gewürze wachsen im Regenwald. Mit Arzneien, die aus Regenwald-Pflanzen gewonnen werden, bekämpft man Krankheiten wie Diabetes, Herzleiden, Hautkrankheiten oder Krebs. Auch Pflanzen, die Textilfasern, Öle, Gummi und Brennstoffe erzeugen, sind nur hier beheimatet.

Obst aus dem Regenwald — **Bananen** — **Ananas** — **Chinin, Wirkstoff gegen Malaria, gewonnen aus dem Chinarindenbaum**

Üppige Vielfalt ◄ **31**

Sauerstoff *Während der Fotosynthese verbinden sich Kohlenstoff und Wasser zu der Nahrung von Pflanzen (Zucker). Dabei entsteht auch Sauerstoff, den die Pflanze nicht braucht und in die Atmosphäre abgibt.*

O$_2$

Kohlendioxid *In dem Fotosynthese genannten Prozess binden die Blätter Kohlendioxid aus der Atmosphäre, um den für das Wachstum des Baumes benötigten Zucker zu bilden. Der Kohlenstoff wird in allen Teilen des Baumes gespeichert.*

CO$_2$

■ Wasser (H$_2$O)

■ Sauerstoff (O$_2$)

■ Kohlendioxid (CO$_2$)

Kartoffeln, Süßkartoffeln, Avocado, Aubergine

Baumwolle, Gummi

Kaffee, Kaugummi, Schokolade

Palmöl zum Kochen und als Biokraftstoff

Nüsse, Gewürze

Madagaskar-Immergrün zur Behandlung von Krebs

Rodung

Die im Regenwald beheimateten Völker roden seit Jahrtausenden kleine Flächen, indem sie den Regenwald dort abbrennen. So gewinnen sie Platz für ihre Felder. Das ist unproblematisch, ganz im Gegensatz zu den Massenabholzungen für kommerzielle Zwecke. Dabei mähen Unternehmen sämtliche Bäume eines Gebiets nieder, auch wenn nur einige als Nutzhölzer verwendet werden. Um Platz zu schaffen für Rinderfarmen oder exportwirtschaftliche Anbaufelder (Cash Crops), müssen weite Regenwaldgebiete weichen. Für Straßen und Dämme werden Waldeinschläge staatlich angeordnet. Jahr für Jahr wird ein Regenwaldgebiet von der Fläche Floridas zerstört, und die Folgen sind verheerend.

Und morgen?
Regenwälder sind hochkomplexe Ökosysteme in einem empfindlichen Gleichgewicht. Alle Pflanzen und Tiere sind voneinander abhängig. Wird das Gleichgewicht durch den Menschen gestört, wirkt sich das auf das gesamte Gefüge aus. Auch ein noch so geringes Eingreifen kann dazu führen, dass er sich nicht wieder erholt.

Palmöl *Aus Biokraftstoffen wie Palmöl lässt sich Kapital schlagen. Wo es früher Regenwald gab, werden heute kommerzielle Plantagen bewirtschaftet.*

Cash Crops
Dieses Regenwaldgebiet in Brasilien wurde gerodet, um Land für den Sojabohnenanbau zu gewinnen.

Feldanbau
Bauern pflanzen neues Getreide in nährstoffarme Böden – ohne die Regenwaldbäume und damit ohne organisches Bodenmaterial gibt es keine natürliche Nährstoffquelle.

Fluss *Ohne die Blätter der Regenwaldbäume, die das Wasser langsam nach unten tropfen lassen, wäscht der Regen große Bodenmengen in den Fluss.*

Rodung ◀ **33**

Unberührter Regenwald
Vom Menschen unberührt, ist der Regenwald ein sich selbst versorgendes System. Um zu entstehen, braucht er Jahrhunderte – seine Zerstörung dauert nur wenige Tage.

Feuer _Brennende Wälder verschmutzen die Atmosphäre weithin mit Kohlendioxid, das als Kohlenstoff in den Bäumen gespeichert war._

Abholzung
Bäume werden abgeholzt und übrige Wurzeln, Stümpfe und Gestrüpp niedergebrannt. Dabei gelangt der gespeicherte Kohlenstoff in die Atmosphäre.

Nutzholz _Nicht alle Regenwaldbäume taugen als Nutzholz. Viele enden als Zellstoffmasse._

Missernte _Auf magerem Boden werden diese Feldfrüchte kaum gedeihen._

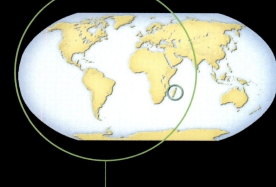

Verbreitungsgebiet Die Karte zeigt, wo das vorgestellte Tier zu Hause ist. Die Insel Madagaskar ist hier mit einem grünen Kreis markiert.

PARSONS CHAMÄLEON: DIE FAKTEN

ART: *Calumma parsonii*

VERBREITUNG: Regenwald Madagaskar (Mittelgeschoss / Obergeschoss)

VERWANDTE ARTEN: 19 in der Gattung *Calumma*

GRÖSSE: 55–65 cm (die größte bekannte Art)

GEWICHT: Bis zu 700 g

NAHRUNG: Vorwiegend Insekten, auch Blätter, Blumen, Früchte, Moose und Zweige

FORTPFLANZUNG: Das Weibchen legt 25–50 Eier auf dem Boden ab und bedeckt sie; nach 12 bis 24 Monaten schlüpfen die Jungen.

SCHUTZSTATUS: Derzeit nicht gefährdet

Auf einen Blick Die wichtigsten Informationen zu der jeweiligen Tierart findest du hier.

DACHGESCHOSS

OBERGESCHOSS

MITTELGESCHOSS

ERDGESCHOSS

FLUSS

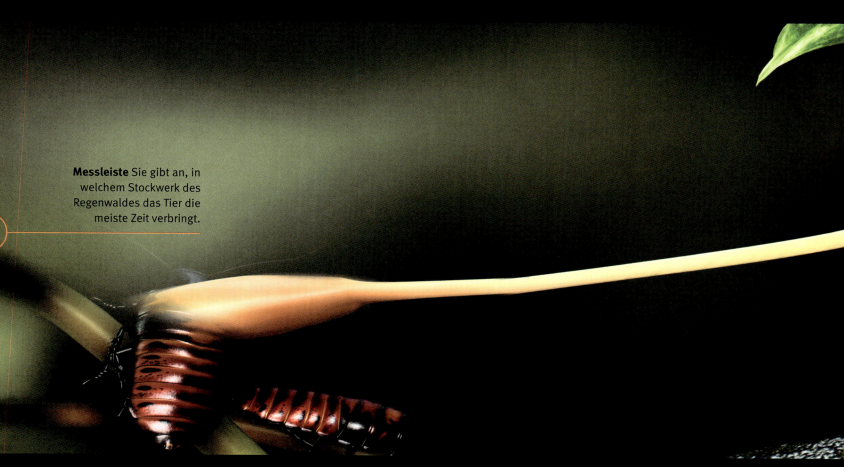

Messleiste Sie gibt an, in welchem Stockwerk des Regenwaldes das Tier die meiste Zeit verbringt.

insider
Spezialwissen

insider Spezialwissen *Den Dschungel teilen*

DACHGESCHOSS

OBERGESCHOSS

MITTELGESCHOSS

ERDGESCHOSS

FLUSS

Tag und Nacht

Schätzungen zufolge leben in einem Regenwaldgebiet von nur 10 km² bis zu 125 Säugetierarten, 400 Vogelarten, 100 Reptilienarten, 60 Amphibienarten und 150 Schmetterlingsarten. Um ausreichend Nahrung und Raum zu ergattern, haben die Bewohner allerlei Strategien entwickelt. Sie leben in verschiedenen Stockwerken, ernähren sich unterschiedlich und schlafen zu verschiedenen Zeiten. So herrscht rund um die Uhr ein reges Treiben. Nachtaktive Tiere rühren sich nur nachts und schlafen tagsüber. Bei tagaktiven Tieren ist es umgekehrt. Gut möglich also, dass sich Tiere aus dem gleichen Stockwerk nie begegnen.

Ein Baum für viele

Das Nashornvogelweibchen brütet seine Eier in einer geschützten Baumhöhle. Das Männchen versorgt es tagsüber mit Früchten und Insekten, nachts, wenn der Koboldmaki aufwacht, schläft es im Blätterdach. Der nachtaktive Gespenstaffe ist nicht größer als eine menschliche Hand und hat so riesige Augen, dass sein Kopf breiter ist als lang.

Termiten *Sie leben zwar im Dunkeln, doch einige Arten sind wie Glühwürmchen biolumineszent, d. h., sie bringen die Termitenhügel nachts zum Leuchten – wie einen Weihnachtsbaum.*

Glühwürmchen Am unteren Hinterleib erzeugen die nächtlichen Flieger »kaltes Licht« – d. h., die freigesetzte Energie wird fast nur als Licht, nicht als Wärme abgegeben.

Flughunde Ganze Scharen von Flughunden, wie diese Kurznasen-Flughunde, schwärmen nachts nach Nahrung aus. Tagsüber schlafen sie kopfunter hängend.

insider Spezialwissen *Den Dschungel teilen*

MANDRILL: DIE FAKTEN

ART: *Mandrillus sphinx*

VERBREITUNG: Regenwald Westafrika (Mittelgeschoss / Erdgeschoss)

VERWANDTE ARTEN: Drill *(Mandrillus leucophaeus)*

GRÖSSE: Bis zu 76 cm

GEWICHT: Männchen 21–28 kg (mitunter auch bis zu 54 kg); Weibchen 11–12 kg

NAHRUNG: Früchte, Samen, Pilze, Wurzeln, Insekten, Würmer, Frösche, Echsen, kleine Wirbeltiere

FORTPFLANZUNG: Tragzeit ca. 6 Monate; Junge alle 2 Jahre

SCHUTZSTATUS: Gefährdet

Gruppentiere

Manche Tiere im Regenwald sind Einzelgänger; sie verbringen die meiste Zeit ihres Daseins allein und tun sich nur während der Paarungszeit mit einem Artgenossen zusammen. Viele andere aber leben in sozialen Gruppen. Das Gruppenleben hat zahlreiche Vorteile, z. B. dass es Schutz und Sicherheit bietet – wenn einer einen nahenden Räuber übersieht, hört er die Warnschreie der anderen – oder dass die Jungen unter der Obhut vieler älterer Tiere heranwachsen. Zu den am häufigsten vorkommenden Gruppentieren im Regenwald gehören Affenarten, Insekten (Ameisen und Termiten) und einige Vogelarten.

Gruppenleben

Der Mandrill, ein Verwandter des Pavians, lebt in Gruppen von 15 bis 50 Mitgliedern. An der Spitze jeder Gruppe steht ein erwachsenes Männchen, ihn umgibt ein weiblicher Harem. Während Weibchen-Junge in der Gruppe bleiben, bilden Männchen-Junge mit der Geschlechtsreife eine eigene. Zu bestimmten Zeiten im Jahr schließen sich Gruppen zu Großverbänden mit bis zu 250 Mandrills zusammen.

Mutter und Junges
Das Muttertier kümmert sich um ihr Junges. Doch auch die anderen Weibchen – und mitunter die Männchen – umsorgen es und spielen mit ihm.

ARTENGEMISCH

Viele Vogelarten scharen sich im Blätterdach. Der einzigartige Vogelreichtum zeigt, dass es hoch im dichten Grün des Regenwaldes genug Insekten und Früchte für alle gibt.

Körperpflege
Durch sie wird das soziale Band zwischen den Tieren einer Gruppe gestärkt. Mit Fingern, Lippen und Zunge pflegen die Mandrills sich gegenseitig das Fell.

Kommunikation *Mandrills verständigen sich mittels Mimik, Schreien und Berührungen. Das dominante Männchen hat die grellste Gesichtsfärbung. Im Zorn zeigt es seine Zähne, indem es das Gesicht zu einer Art Gähnen verzerrt.*

Ein Wald voller Affen

Affen und ihre Artverwandten sind die bekanntesten Dschungelbewohner. Es gibt mehr als 200 Arten. Die meisten Affen haben Schwänze. Aber nur unter den Neuweltaffen in Mittel- und Südamerika gibt es einige Familien mit einem Greifschwanz. Menschenaffen sind schwanzlos und für gewöhnlich größer als andere Affenarten. Mit bis zu 1,75 m nimmt der Gorilla eine Spitzenstellung ein. Er ist zwar ein guter Kletterer, klettert aber nur selten. Ganz im Gegensatz zu den anderen Affen – Gibbons, Schimpansen, Orang-Utans –, die wahre Kletterkünstler sind.

SUMATRA-ORANG-UTAN: DIE FAKTEN

- **ART:** *Pongo abelii*
- **VERBREITUNG:** Regenwald Nord-Sumatra (Mittelgeschoss / Obergeschoss)
- **VERWANDTE ARTEN:** Borneo-Orang-Utan *(Pongo pygmaeus)*
- **GRÖSSE:** Bis zu 1,50 m
- **GEWICHT:** Bis zu 91 kg
- **NAHRUNG:** Vorwiegend Früchte, auch Baumrinde, Blätter, Insekten, kleine Wirbeltiere
- **FORTPFLANZUNG:** Weibchen ab dem 12. Lebensjahr; einzelnes Jungtier (selten Zwillinge); Geburtsintervall 8 Jahre; Tragzeit 245 Tage
- **SCHUTZSTATUS:** Stark gefährdet

Sumatra-Orang-Utan

Der Name Orang-Utan stammt aus den malaiischen Wörtern *orang* (Mensch) und *utan* (Wald) und bedeutet »Waldmensch«. Der Orang-Utan ist das größte auf Bäumen lebende Säugetier, die Wipfel verlässt er fast nie. Er klettert an Stämmen hinauf, hangelt behände von Ast zu Ast oder schwingt an Lianen.

Klettermeister
Orang-Utans sind sehr geschickte Kletterer, denn ihre Füße sind genauso gelenkig wie ihre Hände.

AFFEN MIT UND OHNE SCHWANZ

Die Schwänze mancher Affen können ihr ganzes Körpergewicht halten. So bleiben die Hände frei, um Nahrung zu greifen. Genauso dient ihnen der Schwanz beim Klettern oft als »fünfte Hand«.

GREIFSCHWANZ *Das haarlose »Polster« unter diesem Affenschwanz lässt ihn nicht vom Ast abrutschen.*

Starke Knöchel
Schimpansen gehen auf den Fingerknöcheln, nicht auf den Handinnenflächen.

insider Spezialwissen *Säugetiere*

WEISSKEHLFAULTIER: DIE FAKTEN

ART: *Bradypus tridactylus*
VERBREITUNG: Regenwald Südamerika (Obergeschoss)
VERWANDTE ARTEN: Zwei weitere Arten der Dreifingerfaultiere
GRÖSSE: Bis zu 76 cm
GEWICHT: Bis zu 8 kg
NAHRUNG: Pflanzenfresser; Blätter, Knospen, Zweige
FORTPFLANZUNG: Tragzeit 6 Monate; einzelnes Jungtier, das noch 6 Monate lang an der Mutter hängt
SCHUTZSTATUS: Derzeit nicht gefährdet

Geschickte Kletterer

Viele Säugetiere sind an das Leben auf den Bäumen im tropischen Regenwald angepasst. Sie haben Greifschwänze oder lange, geringelte Schwänze, mit denen sie sich an Ästen festhalten können, sodass sie die »Hände« frei haben, um nach Nahrung zu greifen. Je kleiner das flügellose Säugetier, desto leichter klettert es über dünne Äste und an Lianen und wird daher eher höher hinaufsteigen. Einige Säugetiere verbringen ihr ganzes Leben in Bäumen, andere nur einen Teil. Neben den Affen sind Nager, Eigentliche Spitzhörnchen und Lemuren die am weitesten verbreiteten kletternden Säugetiere.

Pelzmitbewohner *Im zottigen Fell der Faultiere leben zahlreiche Insekten. Eine Falterart legt sogar ihre Eier im Kot der Faultiere ab.*

Rumhängen

Das Faultier hangelt sich im Zeitlupentempo durch das Geäst im Kronendach. Dort oben verbringt es fast sein gesamtes Leben. Auf den Boden begibt es sich nur einmal pro Woche, um Kot abzusetzen. Die vorderen Gliedmaßen sind doppelt so lang wie die hinteren – ideal für diese hängende Lebensweise.

WEITERE KLETTERER

Spezielle Krallen oder Schwänze ermöglichen den kletternden Säugetieren nicht nur die schnelle Flucht, sie sind auch hilfreich beim Jagen im sonnendurchfluteten Blätterdach.

Ameisenbär *Beide Arten, Nördlicher und Südlicher Tamandua, nutzen beim Klettern ihren Greifschwanz.*

Ozelot *Gehört zur Familie der Katzen, ist klein und wie alle Katzen ein flinker Kletterer.*

Geschickte Kletterer ◂ 43

Klauen Mit seinen gebogenen Krallen (10 cm) hakt das Faultier sicher im Geäst. Auch wenn es schläft – oder gar stirbt – fällt es nicht herunter.

Grünes Fell Die dicken Haare des Faultiers haben feine Rillen, in denen kleine grüne Algen siedeln. Sie geben dem Fell einen grünlichen Schimmer und damit dem Faultier eine gute Tarnung.

insider Spezialwissen *Säugetiere*

MALAIEN-GLEITFLIEGER: DIE FAKTEN

ART: *Cynocephalus variegatus*

VERBREITUNG: Regenwald Südasien (Obergeschoss)

VERWANDTE ARTEN: Philippinen-Gleitflieger *(Cynocephalus volans)*

GRÖSSE: Kopf-Rumpf-Länge 38 cm; Schwanz 25 cm

GEWICHT: 1,5 kg

NAHRUNG: Pflanzenfresser; Blätter, Blüten, Knospen, Früchte, Hülsen

FORTPFLANZUNG: Tragzeit 60 Tage; einzelnes Jungtier; wird sehr klein und unterentwickelt geboren; entwöhnt mit 6 Monaten

SCHUTZSTATUS: Derzeit nicht gefährdet

Fledertiere und Gleitflieger

In großen Höhen zwischen Bäumen fliegen oder gleiten zu können, ist im Regenwald klar von Vorteil. Der Hauptunterschied zwischen fliegenden und gleitenden Säugetieren liegt in der Möglichkeit, den Flug zu steuern. Fledertiere sind die einzigen echten fliegenden Säugetiere. Da ihre Flügel Knochen haben, können sie Höhe und Richtung durch Flügelschlagen bestimmen. Gleitflieger hingegen haben Membrane, die sich wie ein Fallschirm öffnen. Beim Fliegen sind sie vom Windstrom abhängig. Der Malaien-Gleitflieger, der »fliegende Lemur«, kann weder fliegen noch ist er der Familie der Lemuren zuzurechnen. Er gehört vielmehr zur Ordnung der Riesengleiter. Auch das Gleithörnchen (Asien) oder der Kurzkopfgleitbeutler (Australien) sind gleitende Säugetiere.

FLEDERTIERE

Ihre Flügel ähneln einer Hand, weshalb der wissenschaftliche Name dieser Ordnung, zu der Flughunde und Fledermäuse gehören, *Chiroptera* ist – »Handflügler«.

Der Malaien-Gleitflieger
Da er nur abwärtsgleiten kann, muss der Malaien-Gleitflieger erst hoch hinaufklettern, bevor er zum Gleitflug ansetzt. So gelangt er von Baum zu Baum und kommt fast nie auf den Boden. Eine Besonderheit ist seine Flughaut (Patagium), mit der er zwar weit gleiten kann, die beim Klettern aber seitlich herunterhängt und dadurch hinderlich ist.

Baby-Hängematte
Die Flughaut der Malaien-Gleitflieger dehnt sich auf beiden Seiten des Körpers vom Hals bis zum Schwanz und kann eine große Tasche bilden. Beim Klettern und Schlafen dienen die Muttertiere den Jungen so als lebende Hängematte, und die Mutter hat alle vier Gliedmaßen frei.

insider Spezialwissen *Säugetiere*

AFRIKANISCHER WALDELEFANT: DIE FAKTEN

ART: *Loxodonta cyclotis* oder *Loxodonta africana cyclotis*
VERBREITUNG: Regenwälder Westafrika und West-Mittelafrika (Erdgeschoss)
VERWANDTE ARTEN: Afrikanischer Elefant; Indischer Elefant
GRÖSSE: Bis 2,4 m; Kopf-Rumpf-Länge 7,5 m
GEWICHT: Männchen bis 6 t; Weibchen bis 3 t
NAHRUNG: Pflanzenfresser; Blätter, Zweige, Äste, Früchte, Baumrinde
FORTPFLANZUNG: Tragzeit 22 Monate; ein einzelnes Kalb, das bei der Geburt 90–120 kg wiegt
SCHUTZSTATUS: Gefährdet

Leben am Boden

Dickhäutige Riesen *Mit Rüssel und Stoßzähnen bricht der Elefant kleinere Bäume um.*

Bongo *Er ist scheu und ein schneller Läufer, selbst auf überwuchertem Waldboden. Sein gestreiftes Fell ist ein ideales Tarnkleid im immer wieder von Sonnenstrahlen durchbrochenen Dunkel des Regenwald-Erdgeschosses.*

Verglichen mit anderen Lebensräumen (Savannen etwa) leben im Erdgeschoss des Regenwaldes nur wenige große Säugetiere. Pflanzenfresser finden auf dem dunklen Waldboden fast keine Nahrung, Fleischfresser keine großen Beutetiere. Hinzu kommt das Gewirr aus Schlingpflanzen, Stämmen und Ablagerungen, das eine schnelle Flucht – oder eine schnelle Jagd – schwierig macht. Kleinere Säugetiere sind dagegen zahlreicher vertreten (Nager, Schuppentiere, Waldschweine, Katzenarten). Sie ernähren sich von kleineren Beutetieren, Insekten, abgefallenen Früchten oder Samen.

Zwergmanguste
Sie leben wie Elefanten in Gruppen, sind aber keine Pflanzen-, sondern Fleischfresser. Nur 25 bis 60 cm lang, fressen Zwergmangusten kleine Säugetiere, Insekten, Vögel und Vogeleier.

Neue Arten

Früher glaubte man, der Afrikanische Waldelefant sei eine Unterart des bekannteren Afrikanischen Steppenelefanten. Doch DNA-Analysen an Stoßzähnen haben ergeben, dass es sich um zwei verschiedene Arten handelt. Waldelefanten sind kleiner, haben eine andere Kopfform und rundere Ohren als Afrikanische Steppenelefanten. Ihre Stoßzähne sind blassrosa und gerader – vielleicht, damit sie sich nicht im Pflanzengestrüpp verhaken.

URWALD-ARCHITEKTEN

Über Tausende von Jahren trampelten Elefantenherden die gleichen Wege entlang und haben so Lichtungen geschaffen, die andere Bodenbewohner anlocken.

Auf großem Fuß
Spielend trampelt der Elefant Schösslinge nieder, bevor sie im Boden verankert sind.

Östlicher Flachlandgorilla
Der Gorilla beringei graueri in Afrika ist eine Unterart der Großen Menschenaffen. Er ist doppelt so schwer wie ein Elefantenkalb.

> insider Spezialwissen *Vögel*

HARPYIE: DIE FAKTEN
ART: *Harpia harpyja*
VERBREITUNG: Im Flachland der Regenwälder Mittel- und Südamerikas (Dachgeschoss / Obergeschoss)
VERWANDTE ARTEN: 50 Greifvogelarten
GRÖSSE: Kopf-Schwanz-Länge 1 m; Flügelspannweite 2,1 m
GEWICHT: Bis zu 8 kg; Weibchen größer als Männchen
NAHRUNG: Vorwiegend große, auf Bäumen lebende Säugetiere (Faultiere und Affen), größere Reptilien, Nager, Vögel
FORTPFLANZUNG: Gelege aus 1 bis 3 Eiern; meist überlebt nur eines; Brutzeit 52–56 Tage
SCHUTZSTATUS: Bedroht

Riesen und Zwerge

Viele der größten Vögel im Regenwald sind Raubvögel. Sie wohnen in den beiden obersten Stockwerken. Große Regenwaldvögel wie der Kasuar in Neuguinea und der Tuberkelhokko in Südamerika, die ihr gesamtes Leben in der Bodenregion verbringen, ernähren sich von abgefallenen Früchten und Samen. Kleinere Vögel sind in allen Stockwerken zu Hause, wo immer sie gerade Pflanzen und Insekten finden. Viele der am Boden lebenden Vögel fliegen zur Paarung hoch ins Blätterdach. Und die aus den oberen Regionen suchen an sehr heißen Tagen die kühleren, schattigen Lagen weiter unten auf.

Gefahr im Verzug
Die ganze Gruppe erspäht die nahende Harpyie und hebt zu lautem Warngebrüll an.

Lautes Spektakel
Das Gebrüll des Brüllaffen ist über 3 km weit zu hören.

Krallen
Die Harpyie hat 13 cm lange, kräftige Krallen. Sie kann damit Beute greifen, die halb so schwer ist wie sie selbst.

GRÖSSENVERGLEICH

Der Königsgeier ist über 5-mal länger und 500-mal schwerer als der Westliche Langschwanz-Schattenkolibri.

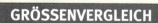

Königsgeier *Ein Aasfresser, der sich von Tierkadavern ernährt*

Kolibri *Mit seinem winzigen Schnabel erreicht er den Nektar tief in der Hängenden Hummerschere.*

Riesen und Zwerge ◂ 49

Tödlicher Griff Die Harpyie schnappt sich den fliehenden Affen.

Im Visier Der Affe versucht zu fliehen.

König der Lüfte
Wie alle Raubvögel kann die Harpyie räumlich sehen und Geschwindigkeiten ebenso wie Abstände gut einschätzen (Binokulares Sehen). Darüber hinaus lokalisiert sie Beutetiere über ein scharfes Gehör. Ihre Krallen sind tödliche Waffen. Die Brüllaffen erkennen zwar die Gefahr der nahenden Harpyie, wissen aber nicht, wen von ihnen es erwischen wird.

Spähauge Mit ihren scharfen Augen sucht sich die Harpyie einen Affen als Beute aus.

Angriff Die Harpyie fliegt mit 80 km/h direkt auf eine Gruppe Brüllaffen zu.

Schillernde Farbenpracht

Viele Vögel im Regenwald tragen ein bunt leuchtendes Federkleid, vor allem die Männchen. Damit locken sie die Weibchen zur Balz. Oft scharen sich verschiedene Vogelarten im Blätterdach, wo sie als Insektenfresser reichlich Nahrung finden. Unter den größeren bunten Arten, die sich von Früchten ernähren, sind Nashornvögel und Tukane. Leider begeistert sich der Mensch für die schillernden Regenwaldvögel und wildert sie, um sie zu verkaufen (Tier- und Schmuckfederhandel).

BLAUPARADIESVOGEL: DIE FAKTEN

ART: *Paradisaea rudolphi*

VERBREITUNG: In den Vorgebirgsregionen der Regenwälder Papua-Neuguineas (Baumkronen)

VERWANDTE ARTEN: 6 Paradiesvogelarten der Gattung *Paradisaea*

GRÖSSE: 30 cm lang, ohne Schwanz; bis 1,22 m lang mit Schwanzfedern

NAHRUNG: Vorwiegend Früchte

FORTPFLANZUNG: Männchen verlässt Weibchen nach der Paarung. Weibchen kümmert sich allein um Nestbau, nistet auf niedrigen Bäumen; brütet 1–2 Eier in 17–21 Tagen.

SCHUTZSTATUS: Gefährdet

Quetzal Der Name des farbenprächtigen Quetzals, Nationalvogel von Guatemala, bedeutet übersetzt so viel wie »große leuchtende Schwanzfeder«. Die Schwanzfedern werden bis zu 61 cm lang.

Der Blauparadiesvogel

Alle männlichen Paradiesvögel stellen ihre Schmuckfedern zur Schau, um Weibchen anzulocken. Wahre Kunststücke aber vollführt der Blauparadiesvogel: Er hängt kopfunter, breitet die Flügel aus, plustert die blauen Brustfedern auf und zeigt seine beiden langen, schwarzen Schwanzfedern. Im Wettstreit um die Gunst der Weibchen vollführen die Männchen auch einen Balztanz. Hierfür versammeln sie sich auf einem Balzplatz.

Schillernde Farbenpracht ◀ **51**

Tukan

Bunte Vogelköpfe

Die Fächertaube trägt einen farbigen Fächerkamm; der Andenklippenvogel eine auffällig bogenförmig bunte Haube; und der Tukan sticht hervor mit seinen leuchtend bunten Ringen um die Augen.

Andenklippenvogel

Fächertaube

Balzruf Während er kopfunter hängt, lockt der Blauparadiesvogel die Weibchen mit rhythmischen Summtönen: »Wah Wah.«

52 ▶ insider Spezialwissen *Es kreucht und fleucht*

DACHGESCHOSS

OBERGESCHOSS

MITTELGESCHOSS

ERDGESCHOSS

FLUSS

WANDERAMEISE: DIE FAKTEN

ART: *Eciton burchelli*
VERBREITUNG: Regenwälder Mittel- und Südamerika (meist Erdgeschoss)
VERWANDTE ARTEN: 11 weitere Arten der *Eciton*-Ameisen
GRÖSSE: 3–12 mm
GEWICHT: Unbedeutend
NAHRUNG: Fleischfresser; vor allem Insekten, Spinnentiere
FORTPFLANZUNG: Alle 3 Wochen legt die flügellose Königin rund 250.000 Eier, die in der Larven- und Verpuppungsphase von Arbeiterinnen geschützt werden.
SCHUTZSTATUS: Nicht bedroht

Armeen von Insekten

Insekten kommen im Regenwald von allen Tieren am zahlreichsten vor und finden sich in allen Stockwerken. Sie sind allerdings auch überall von unzähligen Insektenfressern umgeben (Vögeln, Reptilien, Säugetieren). Um vor ihnen sicher zu sein, legt die Gespenstschrecke ein Pflanzentarnkleid an, und auch die Wanze ist von farbenprächtige Schmetterlinge, Laternenträger mit Rüsseln und Unmengen Käfer, Wespen, Bienen und Moskitos. Doch mit Tausenden von Arten bleibt die in Kolonien lebende Ameise zahlenmäßig unübertroffen.

Ameisenkolonien

Bis zu 2 Millionen Wanderameisen leben in großen, gut organisierten Kolonien. Auf ihren Raubzügen fächert sich die Arbeiterkolonie bis zu 20 Meter weit auf, um andere Insekten, Spinnentiere oder Skorpione zu erbeuten, die zu schwach oder zu langsam sind, um zu entkommen.

Blauer Morphofalter
Eigentlich ist er braun! Die Flügeloberseiten leuchten blau, weil die übereinanderlappenden Flügelschuppen das Licht reflektieren. Die Flügelunterseiten sind eintönig braun.

Skorpion *Er ist viel größer als eine Ameise und mit einem Stachel bewaffnet. Dennoch wird er von Millionen beißender Wanderameisen überfallen. Sie reißen seinen Leib in kleine Stücke, die sie zurück zur Kolonie tragen.*

Arbeiterinnen Die fast blinden Ameisen haben einen hakenförmigen Oberkiefer, mit dem sie die Beute in Stücke reißen. An den Haken an ihren Beinen halten sie sich gegenseitig, um ein lebendiges Nest zu bauen – einen »Biwak«.

insider Spezialwissen *Es kreucht und fleucht*

PARSONS CHAMÄLEON: DIE FAKTEN

ART: *Calumma parsonii*
VERBREITUNG: Regenwald Madagaskar (Mittelgeschoss / Obergeschoss)
VERWANDTE ARTEN: 19 in der Gattung *Calumma*
GRÖSSE: 55–65 cm (die größte bekannte Art)
GEWICHT: Bis zu 700 g
NAHRUNG: Vorwiegend Insekten, auch Blätter, Blumen, Früchte, Moose, Zweige
FORTPFLANZUNG: Das Weibchen legt 25–50 Eier auf dem Boden ab und bedeckt sie; nach 12 bis 24 Monaten schlüpfen die Jungen.
SCHUTZSTATUS: Derzeit nicht bedroht

Gefräßige Reptilien

Schildkröten und Krokodile sind als einzige Reptilien an ein bestimmtes Stockwerk im Regenwald gebunden. Schlangen und Echsen bewohnen alle Stockwerke. Einige Schlangen sonnen sich tagsüber im Blätterdach und baumeln nachts auf Beute lauernd vom Geäst im Mittelgeschoss. Andere Schlangenarten verlassen den Boden nie. Der Regenwald birgt über 2.000 Echsenarten – vom 3 m langen Komodowaran (Fleischfresser) bis zum winzigen insektenfressenden Gecko.

Augen *Das Chamäleon kann beide Augen unabhängig voneinander bewegen, was ihm einen Rundumblick ermöglicht, ohne den Kopf zu bewegen – ein einzigartiges Merkmal.*

Ungewöhnliche Echsen

Über zwei Drittel aller Chamäleons leben auf Madagaskar. Einzigartig sind ihr räumliches Sehvermögen und die blitzschnelle Schleuderzunge.

Pfeilschnell! *Die Zunge schießt mit 500 m/sec aus dem Maul des Chamäleons und erreicht dann eine Geschwindigkeit von 20 km/h.*

Geschnappt! *Die Kakerlake hat keine Chance, der Zunge des Chamäleons zu entwischen. Die zwei Lappen an ihrem Ende halten das Opfer fest umschlossen. Mit einem Auge kreist das Reptil, das andere bleibt unbewegt.*

Farbwechsel
Unter der Oberhaut liegen in Schichten übereinander spezielle farbreflektierende Zellen. Sie ermöglichen den Farbwechsel, der abhängig ist von der Stimmung des Tiers, von Temperatur und Lichtstärke.

Zunge *Durch Muskelkraft schießt die Zunge aus dem Maul. Dabei kann sie doppelt so lang werden wie das Chamäleon.*

AFRIKANISCHE BUSCHVIPER

Sie ist giftig und – wie das Chamäleon – ein lauernder Räuber. Ihr Opfer schnappt sie mit weit geöffnetem Maul und ersticht es mit scharfen Fangzähnen.

56 ▶ insider Spezialwissen *Es kreucht und fleucht*

DACHGESCHOSS
OBERGESCHOSS
MITTELGESCHOSS
ERDGESCHOSS
FLUSS

Frösche

Im Regenwald gibt es reichlich Wasser. Kein Wunder also, dass überall Frösche quaken. Die meisten von ihnen legen Eier ab. Aus ihnen schlüpfen Kaulquappen. Bis sie sich zu Jungfröschen entwickelt haben, leben sie in allen Stockwerken im Wasser. Die auffälligsten Frösche sind die bunten Pfeilgiftfrösche in Mittel- und Südamerika. Ihre leuchtende Hautfärbung signalisiert möglichen Räubern, dass sie giftig sind, und schreckt so ab. Das Gift in ihrer Haut nehmen die Frösche auf, indem sie giftige Beutetiere fressen.

Der Pfeilgiftfrosch

Dieser winzige Frosch ist nur daumenspitzengroß. Trotzdem schafft es das Weibchen, bis ins Blätterdach zu steigen, wo es an Bromelienblättern laicht. Die Kaulquappen werden dann vom Männchen in wassergefüllte Blattmulden getragen und vom Weibchen mit unbefruchteten Nähreiern gefüttert.

PFEILGIFTFROSCH: DIE FAKTEN

ART: *Dendrobates granuliferus*
VERBREITUNG: Regenwälder Costa Rica und Panama (Erdgeschoss bis Obergeschoss)
VERWANDTE ARTEN: 41 Giftfroscharten der Gattung *Dendrobates*
GRÖSSE: 19–22 mm
GEWICHT: 3,2 g
NAHRUNG: Insektenfresser; vor allem Ameisen, Milben
FORTPFLANZUNG: 2–5 Eier; nach 19 Tagen schlüpfen die Jungen und werden zum Wasser getragen; in 90–200 Tagen werden aus den Kaulquappen Frösche.
SCHUTZSTATUS: Gefährdet

1 Quakende Frösche Nur männliche Frösche quaken – um Weibchen anzulocken und andere Männchen zu warnen. Die Schallblase im Maul verstärkt die Froschlaute.

2 Glasfrosch Nahezu durchsichtig laicht er an der Unterseite eines über dem Wasser hängenden Blattes. Schlüpfen die Kaulquappen, fallen sie hinein.

3 Hornfrosch Wegen des riesigen Mauls wird er auch Breitmaulfrosch genannt. Er ist ein Fleischfresser, der kleinere Artgenossen verspeist.

4 Schrecklicher Pfeilgiftfrosch Indianer vergiften mit dem sehr starken Hautgift der Frösche ihre Pfeile. So können sie große Tiere töten.

> insider Spezialwissen *Zukunft in Gefahr*

VOM AUSSTERBEN BEDROHTE ARTEN: DIE FAKTEN

AUSSTERBERATE: Seit 1994 sind 30 Regenwald-Tierarten ausgestorben.

AUSSTERBERATE IN FREIER NATUR: In den vergangenen 6 Jahren sind 4 Regenwald-Tierarten ausgestorben; sie kommen nur noch in Gefangenschaft vor.

VOM AUSSTERBEN STARK BEDROHT: 650 Arten sind stark gefährdet; Prognose einer Aussterberate von 50 Prozent binnen 10 Jahren oder 3 Generationen

VOM AUSSTERBEN BEDROHT: 1.200 Regenwald-Tierarten; Prognose einer Aussterberate von 20 Prozent binnen 20 Jahren

GEFÄHRDET: Über 2.000 Regenwald-Tierarten sind gefährdet, d. h. bald vom Aussterben bedroht.

Risikofaktoren

Fast 5.800 Arten der im Regenwald lebenden Säugetiere, Vögel, Reptilien, Amphibien und Insekten sind vom Aussterben bedroht. Einige von ihnen wird es schon sehr bald nicht mehr geben. Naturkatastrophen, Parasiten oder eingeführte Arten können eine Art gefährden. Doch vor allem ist es der Mensch, der durch sein Eingreifen zahllose Tiere bedroht. Elefanten, Raubkatzen und Vögel jagt er wegen ihrer Stoßzähne, Felle oder Federn. Exotische Reptilien, Affen und Vögel werden eingefangen und vermarktet. Doch der Hauptgrund für das drohende Aussterben sind schwindende Lebensräume. Ohne Brut- und Schlafplätze und ohne ausreichend Nahrung sterben die Tiere.

Umweltüberwachung

Die Weltnaturschutzunion *World Conservation Union* zählt den Bestand gefährdeter Arten und veröffentlicht ihn alljährlich auf einer Roten Liste. So können Entscheidungsträger handeln, ehe es zu spät ist.

Borneo-Orang-Utan *Wilderei für den Tierhandel und Brandrodungen gefährden den Orang-Utan.*

Königin-Alexandra-Vogelfalter *Die weltgrößte Schmetterlingsart ist seit 20 Jahren bedroht.*

Bongo *Aus den Regenwäldern Ugandas ist der Bongo bereits verschwunden, sonst in Afrika aber nicht gefährdet.*

Sumatra-Tiger *Verlust des Lebensraums und Wilderei haben die Zahl dieser stark bedrohten Art auf 250 erwachsene Tiere reduziert.*

Goldsittich *Fängerei und Verlust des Lebensraums gefährden diesen im Amazonasbecken lebenden Vogel.*

Goldgelbes Löwenäffchen *Ihre Zahl ist mittlerweile zwar wieder auf 1.000 angestiegen, sie gelten aber weiter als bedroht.*

Mitu *Dieser Hühnervogel ist in der freien Natur ausgestorben; in Gefangenschaft gibt es ihn noch.*

Magenbrüterfrosch *Wie der Nachwuchs aus dem Maul der Mutter schlüpft, wird niemand mehr sehen – die Art gilt seit den 1980ern als ausgestorben.*

Risikofaktoren ◂ 59

Afrikanischer Elefant Infolge des Elfenbeinhandels und schrumpfender Lebensräume sind beide Arten des Afrikanischen Elefanten gefährdet.

Harpyie Vor 20 Jahren war der Vogel vom Aussterben bedroht, heute gibt es wachsende Populationen.

Guam-Flughund Dieses Fledertier gilt seit den 1860ern als ausgestorben.

Berggorilla Er ist stark bedroht – bei der letzten Zählung waren es nur noch 325 Tiere.

Azurblauer Pfeilgiftfrosch Tierhandel und Brandrodung gefährden diese Art.

Dreibinden-Gürteltier Bergbau, Landwirtschaft und Jagd haben 30 Prozent des Bestands ausgerottet und dafür gesorgt, dass das Gürteltier heute als bedroht gilt.

Schuppenkehlmoho Dieser Vogel gilt als ausgestorben. Das letzte Paar wurde in den 1980ern beobachtet.

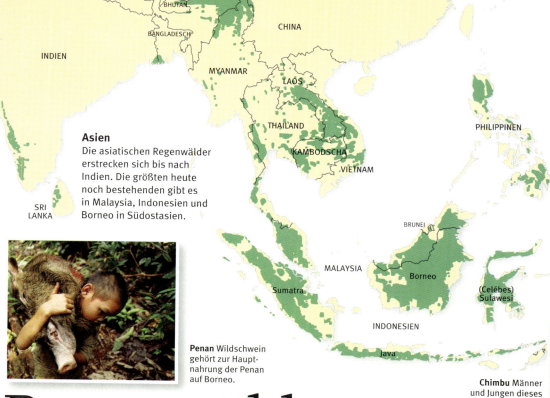

Asien
Die asiatischen Regenwälder erstrecken sich bis nach Indien. Die größten heute noch bestehenden gibt es in Malaysia, Indonesien und Borneo in Südostasien.

Iban Dieser Stamm Borneos lebt in Langhäusern und ernährt sich vom Fischfang.

Chimbu Männer und Jungen dieses Stammes bemalen ihre Gesichter zum feierlichen Tanz und Gesang.

Penan Wildschwein gehört zur Hauptnahrung der Penan auf Borneo.

Regenwälder der Welt

Die Menschen im Regenwald sind auf die Pflanzen und Tiere ihrer Umgebung angewiesen. Seit jeher haben sie diese Naturschätze sorgsam bewahrt.

Australien und Papua-Neuguinea
Die Regenwälder Australiens beschränken sich auf wenige Reste an der nordöstlichen Küste. In Papua-Neuguinea sind 55 Prozent der Landfläche von Regenwald bedeckt.

Afrika
Regenwaldgebiete sind in 37 Ländern zu finden. Die größten verteilen sich auf vier Staaten im Kongobecken, die Demokratische Republik Kongo, Gabun, Kamerun und die Republik Kongo.

Mbuti Jungen vom Stamm der Mbuti in Baströcken beim Tanz (Demokratische Republik Kongo).

Regenwälder der Welt ◀ 61

Mexiko und Mittelamerika
Die Regenwälder Mittelamerikas reichen vom südlichen Mexiko bis nach Panama. El Salvador ist das einzige mittelamerikanische Land ohne nennenswerte Regenwaldgebiete.

Huaorani Diese Volksgruppe in Ecuador geht traditionell mit Blasrohren auf Jagd.

Kuna Die Frauen vom Volk der Kuna in Panama tragen markante rote Kopftücher.

Südamerika
Der Amazonas-Regenwald, der sich auf 6,5 Mio. km² quer durch Brasilien und acht weitere südamerikanische Länder zieht, ist der größte tropische Regenwald der Erde.

Yanomami Die Frauen im venezolanisch-brasilianischen Grenzgebiet sammeln Termiten auf Bananenblättern, um sie unter ihre Hauptnahrung (Kochbananen) zu mengen.

REGENWALD-TYPEN

In den tropischen Regenwäldern mit ihrem dichten Blätterdach gehen gleichmäßig über das Jahr verteilt mehr als 2.000 mm Regen nieder. Tropische Feuchtwälder wachsen in Lagen bis 1.525 m, liegen weiter vom Äquator entfernt und erhalten in der Regenzeit 1.200 mm Regen. Da in der kühleren Trockenzeit viele Bäume ihre Blätter verlieren, ist das Blätterdach lichter.

Tropischer Feuchtwald Die größeren Lücken im Blätterdach lassen mehr Sonne durch und damit die Pflanzen sprießen (hier: Mexiko).

Immergrüner Regenwald Hier gibt es keine Jahreszeiten. Die Sonne scheint jeden Tag gleich viele Stunden (hier: Borneo).

Kayapó Dieser indianische Stamm Brasiliens betreibt trotz abgeschiedener Lebensweise im Regenwald Ackerbau mit modernen Methoden (Bodendüngung, Wechselanbau).

Glossar

Ablagerung Zerfallendes (pflanzliches oder tierisches) Material auf der Oberbodenschicht.

Algen Pflanzenartige Lebewesen ohne Stamm, Wurzel oder Blätter; wachsen im Wasser oder unter sehr feuchten Bedingungen. Phytoalgen bilden mitunter grünen Schaum auf dem Wasser und große Tangwälder (oder sie siedeln im Fell von Faultieren).

Amphibien Diese ›doppellebigen‹ Tiere durchlaufen ein Larvenstadium im Wasser und leben nach einer Entwicklungsphase an Land (Frösche, Kröten, Molche und Salamander).

Ausgestorbene Arten Bezeichnung für alle Arten, deren letzte Vertreter gestorben sind.

Balz Paarungsvorspiel bei Tieren, bei denen sie ihre Balztracht zeigen (wie bunte Federn).

Baumlebende Tiere In Bäumen und nicht am Boden lebend.

Bestäuber Tier, das männliche Pollen in weibliche Blüten trägt.

Beutetier Tier, das von einem anderen (Räuber) gejagt und getötet wird.

Biodiversität Bezeichnet die Vielfalt der Arten (Pflanzen und Tiere) in einem Ökosystem.

Biokraftstoff Aus natürlichen, meist pflanzlichen Rohstoffen hergestellter Kraftstoff. Er ist erneuerbar und CO_2-neutral (die beim Verbrauch ausgestoßene und die durch Pflanzen wieder aufgenommene Kohlendioxidmenge ist ausgeglichen).

Biolumineszenz Die Fähigkeit von Lebewesen (darunter Insekten und Fische), selbst Energie in Form von Licht zu erzeugen.

Bodenregion »Erdgeschoss« im Regenwald.

Brandrodung Zerstörung der Regenwaldgebiete durch Fällen der Bäume und Abbrennen verbliebener Stümpfe.

Brettwurzeln Wurzeln am Stamm der Baumriesen, die Stabilität verleihen.

Brutzeit Elternvögel sitzen für diese Dauer auf dem Nest und sorgen durch ihre Körperwärme für eine gleichmäßige Temperatur der Eier.

Cash Crop Bezeichnung für Feldfrüchte, die angebaut werden, um durch ihren Export Geld zu verdienen.

Embryo Organismus in der Keimentwicklung (vor der Geburt oder dem Schlüpfen).

Epiphyten Aufsitzerpflanzen; wachsen auf Baumästen und Stämmen, nicht im Boden; ernähren sich selbst und schaden der Wirtspflanze nicht.

Fleischfresser Bezeichnung für Tiere, die sich vom Fleisch anderer Tiere ernähren.

Fotosynthese Prozess, bei dem eine Pflanze unter Aufnahme von Sonnenlicht, Wasser und Kohlendioxid ihre eigene Nahrung (Zucker) herstellt.

Fransenflügler Winziges Insekt, das Saft aus Pflanzen saugt und sie dabei oft zerstört.

Fruchtknoten / Ovar Bauchiger Teil des Stempels, in dem sich die Samenanlage mit den Eizellen befindet.

Gefährdete Arten Tier- und Pflanzenarten, die in naher Zukunft vom Aussterben bedroht sind.

Greifschwanz Schwanz, der einem Tier zum Festhalten etwa an einem Ast dient (durch Umwickeln).

Hauptkronendach Ausladende Äste und Baumwipfel bilden ein Blätterdach über den unteren Schichten.

Hemi-Epiphyten Verbringen nur einen Teil ihres Lebens als Aufsitzer auf einer anderen Pflanze.

Insektenfresser Tiere und Pflanzen, die sich von Insekten ernähren.

Kahlschlag Bezeichnet die Abholzung aller Bäume auf einer bestimmten Fläche.

Keimung Entwicklungsstadium einer Pflanze, bei dem aus dem Samen Stamm und Wurzeln keimen.

Kohlendioxid Ein in der Atmosphäre vorkommendes Gas. Es wird abgegeben bei der Verbrennung fossiler Brennstoffe (Torf, Kohle) und durch die Atmung von Tieren und Menschen.

Krallen Große Klauen eines Raubvogels.

Larve Bei Insekten Zwischenform in der Entwicklung vom Schlüpfen bis zur Verpuppung.

Lebensraum Ort, an dem eine Tier- oder Pflanzenart regelmäßig vorkommt.

Liane Holzige Kletterpflanze, die im Boden wurzelt und an Bäumen emporrankt.

Membran Eine dünne, bewegliche Haut- oder Trennschicht; Gleitflieger haben eine, die sie in der Luft öffnen.

Metamorphose Umwandlung in eine andere körperliche Form nach dem Schlüpfen oder der Geburt (Raupe / Schmetterling; Kaulquappe / Frosch).

Mineralien Natürlich vorkommende Feststoffe in allen Lebewesen. Pflanzen brauchen hauptsächlich Kalium, Phosphor, Calcium, Magnesium; sie werden mit dem Wasser von der Wurzel aus in alle Pflanzenteile befördert.

Nachtaktive Tiere Sie schlafen am Tag und sind rege in der Nacht.

Nährstoffe Werden von Lebewesen zur Lebenserhaltung aufgenommen und verarbeitet. Pflanzliche Nährstoffe sind nicht mineralische aus Luft und Wasser (Sauerstoff, Kohlenstoff, Wasserstoff) sowie mineralische aus dem Boden (siehe Mineralien).

Ökosystem Natürliche, wechselwirkende Einheit von Pflanzen und Tieren in ihrem Lebensraum.

Parasit »Schmarotzer«; Lebewesen (Pflanze oder Tier), das auf einem Wirt siedelt, sich von ihm ernährt und ihn dabei schädigt oder zerstört.

Pflanzenfresser Bezeichnung für Tiere, die sich von Pflanzen und ihren Früchten ernähren.

Pilze Organismen, die keine eigene Nahrung herstellen können; sie ernähren sich von pflanzlichen und tierischen Substanzen und zersetzen sie.

Räuber Tiere, die auf Beutezug gehen, andere Tiere töten und fressen.

Sämling Eine aus einem Samen durch Keimung entstandene Jungpflanze.

Spross Jungtrieb von Bäumen oder Sträuchern.

Staubbeutel Teil des Pollen erzeugenden männlichen Organs einer Blüte.

Stockwerkbau Vertikalstruktur innerhalb des Regenwaldes: Dachgeschoss, Obergeschoss, Mittelgeschoss, Erdgeschoss.

Tagaktive Tiere Sie sind rege am Tag, schlafen in der Nacht.

Tragzeit Trächtigkeitsdauer von der Befruchtung bis zur Geburt der Nachkommen bei weiblichen Säugetieren.

Tropfspitzen Tropfenförmige Blattspitzen, die nach unten zeigen, sodass Wasser ablaufen kann.

Überständer Baumriesen, die höher sind als alle anderen Bäume und über das Hauptkronendach hinausragen.

Umweltüberwachung Sorgfältige Beobachtung und Dokumentation der Umweltveränderungen zu Warnzwecken.

Unberührte Regenwälder Naturbelassene, vom Menschen unberührte Gebiete.

Unterarten Unterteilung einer Art in zwei oder mehr Gruppen, meist auf Grundlage ihrer geografischen Verteilung (Bsp.: *Gorilla gorilla* – Untergruppen: Westlicher Gorilla; Östlicher Gorilla).

Verpuppung Letztes Entwicklungsstadium eines Insekts (im Kokon oder einer Schutzhülle) auf dem Weg zum Vollinsekt.

Wilderei Das illegale Jagen, Fallenstellen und Töten artengeschützter Tiere.

Wirbellose Tiere Tiere ohne Wirbelsäule (Insekten, Spinnen).

Wirbeltiere Tiere mit Wirbelsäule – Säugetiere (darunter der Mensch), Vögel, Reptilien, Amphibien, Fische.

Zelle Grundeinheit, aus der alle Lebewesen bestehen. Jede Zelle hat eine bestimmte Funktion.

Zellfäden (Hyphen) Zellschläuche eines Pilzes; zersetzen die Zellen toter Materie und nehmen sie als Nährstoffe auf.

Register

A

Aasfliege 28 f.
Affen 12 f., 40 f., 48 f.
    Pfade 12 f.
    Schwänze 41
Afrika 60
Afrikanische Buschviper 55
Afrikanischer Elefant 46, 59
Ameisenbär 42
Ameisenkolonien 52
Amphibien
    Makifrosch 14
Ananas 30
Andenklippenvogel 51
Arbeiterinnen (Ameisen) 53
Asien 60
Aussterberate 58
Australien und Papua-Neuguinea 60
Azurblauer Pfeilgiftfrosch 59

B

Bananen 30
    Blätter 9
Baumriesen 10 f.
    Honigbaum 10
    Siehe auch Überständer
Becherling 16 f.
Bedrohte Tierarten 58
Bergbau 20
Berggorilla 59
Bestäuber 11, 28 f.
Biodiversität 30 f.
Blätter
    Größe und Farbe 22
    Im Mittelgeschoss 14
    Kapok 8
    Spross 23
Blauer Morphofalter 52
Blauparadiesvogel 50 f.
Bongo 46, 58
Borneo, Regenwald 10
Borneo-Orang-Utan 58
Brettwurzeln 22 f.
Bromelien 24 f.
Brüllaffe 48

C

Cash Crop 32
Chamäleon 34 f., 54 f.
Chinin / Chinarindenbaum 30

D

Dreibinden-Gürteltier 59

E

Echsen 54
Elefanten 46 f.
Epiphyten 24 f.
Erdgeschoss 8 f., 16 f.

F

Fächertaube 51
Farne 24
Faultier 42 f.
Feige siehe Würgefeige
Feldanbau 32
Flügelfruchtbaum 10 f.
    Geflügelte Samen 10
Flughunde, Fledermäuse 37, 44
    Flughundtunnel 12
Flüsse 18 f., 32
Fotosynthese 14
Fransenflügler 11
Frösche 56
Früchte 30 f.

G

Gallwespe 26 f.
Gecko 54
Glasfrosch 56
Gleitflieger 44 f.
Glühwürmchen 37
Goldgelbes Löwenäffchen 58
Goldsittich 58
Gorillas 40, 47
Greifschwanz-Lanzenotter 14, 25
Großes Pampashuhn 23
Grünes Haarkleid 43
Gruppentiere 38 f.
Guam-Flughund 59

H

Hammerkopf 12
Hängende Hummerschere 14 f., 48
Harpyie 48 f., 59
Heilpflanzen 30 f.
Holz 33
Honigbaum 10
Honigwaben 11
Hornfrosch 56

I

Immergrüner Regenwald 61
Insekten 52
    Aasfliege 28 f.
    Felsenbiene 11
    Gallwespe 26 f.
    Glasflügelfalter 15
    Moskitos 25
    Rüsselkäfer 18
    Springschwanz 12 f.
    Tausenfüßer 16 f.
    Termiten 16, 36

K

Kahlschlag, Abholzung 20 f., 33
    Brandrodung 33
    Gründe 32
Kakerlaken 54
Kapokbaum 8
    Samen 28
Kletterpflanzen 9, 23 ff.
Klettersäugetiere 42 f.
Kohlendioxid 31
Kolibri 15, 48
Komodowaran 54
Königin-Alexandra-Vogelfalter 58
Königsgeier 48
Korallenotter 16 f.

L

Lianen 8, 24

M

Magenbrüterfrosch 58
Makifrosch 14
Malaienbär 11
Malaien-Gleitflieger 44 f.
Mandrill 38 f.
Mangroven 18
Mausopossum 25
Mexiko, Mittelamerika 61
Missernte 33
Mittelgeschoss 9, 14 f.
Mitu 58

N

Nachtaktive Tiere 36
Nährstoffe 16, 23
Nashornvogel 36, 50
Nüsse, Gewürze 31

O

Obergeschoss / Kronendach 8
Orchideen 24
Östlicher Flachlandgorilla 47
Ozelot 42

P

Palmöl 31 f.
Paradiesvogel 50 f.
Parasiten 28 f.
Parsons Chamäleon 34 f., 54 f.
Pfeilgiftfrosch 56 f.
Pflanzen
    Aufsitzer- 24 f.
    Hängende Hummerschere 14 f.
    Riesenblume 28 f.
    Sagopalme 18
    Schamahirse 18
    Vermehrung 28 f.
    Wasser- 18
Pilze 9, 16 f.

Q

Quakende Frösche 56

R

Regenbogenfisch 19
Regenwälder
    Typen 61
    Welt 60 f.
Reptilien 54 f.
Riesenblume 28 f.
Riesenhonigbiene 11
Rodung 21, 32 f.
Rotbrustfischer 19
Rüsselkäfer 18

S

Sagopalme 18
Salzwasserkrokodil 19
Samen
    Geflügelte 10, 28
    Verteilung 28
    Würgefeige 27
Sauerstoff 31
Schamahirse 18
Schlangen 54 f.
    Greifschwanz-Lanzenotter 14, 25
    Korallenotter 16 f.
Schuppenkehlmoho 59
Sepik 18 f.
Skorpion 52

O (rechts)

Springschwänze 12 f.
Stockwerkbau 8
Südamerika 61
Sumatra-Orang-Utan 40 f.
Sumatra-Tiger 58

T

Tagaktive Tiere 36
Tausendfüßer 16 f.
Termiten 16, 36
Teuerling 16 f.
Tropischer Feuchtwald 23, 61
Tukan 50 f.

U

Überständer 8, 10
    Aufsitzerpflanzen 24 f.
    Wurzeln 22
    Siehe auch Baumriesen
Unberührter Regenwald 33

V

Vermehrung von Pflanzen 28 f.
Vögel
    Bestäuber 11, 28 f.
    Bunte 50 f.
    Großes Pampashuhn 23
    Kleine und große 48 f.
    Rotbrustfischer 19
    Warzenkopf 11
    Wespenbussard 10

W

Wanderameisen 52 f.
Warzenkopf 11
Wasser 30
Wasserfarn 18
Wasserpflanzen 18
Weiße Fledermaus 15
Weltnaturschutzunion *World Conservation Union* 58
Wespenbussard 10
Würgefeige 26 f.
Wurzeln
    Brettwurzel 22 f.

Z

Zellfäden 16
Zerstörung Regenwald 20 f.
Zinnoberschwamm 16 f.
Zwergmanguste 46

Bildnachweis

ILLUSTRATIONEN
Umschlagvorderseite Christer Eriksson
Umschlagrückseite Contact Jupiter (Yvan Meunier)
Rücken Peter Bull Art Studio

Peter Bull Art Studio 8 f.; 10 f.; 12-21; 30-33; 36-41; 42 f. ul, oM, ur; 44-49; 50 f. ul, uM, ur; 52-55; 58 f.
Christer Eriksson 42 f.; 50 f.
Contact Jupiter (Yvan Meunier) 22-29; 56 f.
Guy Troughton 45 or

KARTEN
Andrew Davies; Map Illustrations

FOTOS
l = links; r = rechts; ol = oben links; or = oben rechts; oMl = oben Mitte links; oM = oben Mitte; oMr = oben Mitte rechts; or = oben rechts; Ml = Mitte links; M = Mitte; Mr = Mitte rechts; u = unten; ul = unten links; uMl = unten Mitte links; uM = unten Mitte; uMr = unten Mitte rechts; ur = unten rechts

ALA = Alamy; CBT = Corbis; GI = Getty Images; iS = istockphoto.com; MP = Minden Pictures; NPL = Nature Picture Library
10uMl MP **14**Ml iS **20**ul, M GI **21**uM ALA ol GI **60**ur, oMl, ol GI Mr CBT **61**ul MP ur CBT M iS Ml, ol GI or NPL